U0017345

台北一九三五年

著者／梅心怡、趙家璧
繪者／趙大威、韓采君

發行人／林載爵
社長／羅國俊
總經理／陳芝宇
總編輯／胡金倫
編輯主任／陳逸華
叢書企畫・編輯／梅心怡

出版者／聯經出版事業股份有限公司
地址／新北市汐止區大同路一段369號1樓
電話／(02)86925588轉5322
聯經網址／www.linkingbooks.com.tw
電子信箱／linking@udngroup.com

2014年10月初版・2019年7月初版第二刷
ISBN：978-957-08-4462-7
定價：新臺幣 380 元

In 1935, Taiwan had become Japan's first overseas colony for 40 years. Being the capital of Taiwan, Taipei had been transformed into a modern city and served as a showcase of Japanese government's ambitious propaganda. In fall of 1935, the Japanese colonial government mounted an extravagant exhibition to display its political, economic, and cultural power. "The Taiwan Exposition: In Commemoration of the First Forty Years of Colonial Rule" was not only a celebration of Japan's successful colonial rule, but also a projections of cultural identification and national affiliation.

Taipei in 1935 sets in the principal sites of this exposition and leads the readers to this successful, desirable international city. This book uses vivid and colorful drawings as well as plain and simple language to illustrate Taipei's international transportation, the architectures with modern art deco style, the gorgeous commercial and trade establishments along with imported luxuries, the latest technology, the new ideas and education system. For the colonial officers, international businessmen, and Taiwanese common people, Taipei was their hometown as well as a prosperous land full of opportunities. Its modern look was to amaze the visitors and to show the pinnacle of Japan's colonial power, but the root of Taiwanese cultures was never dim by the shadow of Japanese colonization. This book aims to bring the 1930s Taiwan to life, and lead the readers to experience the consistent vitality of Taiwanese society.

文化部
MINISTRY OF CULTURE　本書由文化部補助出版發行

台北
一九三五年

台北 一九三五年

| 目錄 |

前言：變動紛擾的世界

台北作為台灣的首府，是總督府的所在地，也是日本政府對台灣一切經營的核心，1935年的台北是個基礎建設、海陸交通與國際貿易都已走在時代尖端的現代化都市。台北的居民們，享受著便利新穎且充滿人文氣息的城市生活，對於來自世界各國的新知、娛樂和物質享受都未曾缺席。

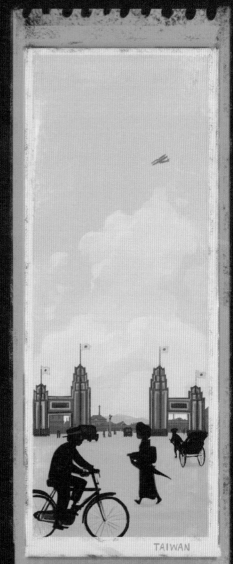

TAIWAN

TOKYO

1. 作為殖民地的台灣

台灣是日本在帝國主義擴張中所獲得的第一塊殖民地，1935年的台灣，經過四十年的殖民統治後，社會已漸趨穩定，殖民政府積極經營台灣現代化的形象，希望能作為擴張帝國版圖的樣板。這年的台北舉辦了日本始政四十周年的博覽會，展示台灣的物產、風土，與日本在亞州各地的殖民成果。

2. 走向軍國主義的日本

高樓、汽車，以及興盛的商業活動是1935年東京街頭給人的印象，但在榮景的背後，右翼軍國主義的勢力漸漸鞏固。為了在政治上賦予天皇神聖地位，軍方開始大力攻擊作為君主立憲基本精神的「天皇機關說」，並在這一年以叛國的罪名控告並意圖刺殺支持這類民主理論的學者。

這一年，對思想積極控制的皇民化運動尚未包圍生活的各個層面，知識分子們正試著為台灣的在地文化走出一片天，而戰爭也還是海峽對岸尚稱遙遠的一朵烏雲。新時代的命運，在這片都市榮景尚未察覺的時刻，已悄悄地轉向另一個方向。台北的居民們或許未曾預見，統治他們的日本政府將在未來數年深陷軍國主義的泥沼，再難自拔，而台灣的歷史也將翻開新頁。1935年，台北寧靜而豐富的城市風景是時代珍貴的縮影，具體而微地將19世紀以降，人類文明發展的因和果展現在後人面前，也讓生活在這片土地的我們，在回顧過往美好歲月的同時也能為新時代汲取養分。

3. 風雨飄搖的中國

1930年代的國民政府致力於經濟與社會制度的現代化，但九一八事變後中國籠罩在日本全面侵略的陰影中。面對共產黨勢力增長，國民政府「攘外必先安內」的策略受到廣大的輿論壓力。1935年10月，共產紅軍抵達延安重建據點，12月，學生在北平發起大規模示威行動，希望政府全面抗日。

4. 自谷底回升的美國

正努力自大蕭條中復甦的美國，在1935年遭受劇烈沙塵暴侵襲中部各州，飛沙蔽日加以連年旱象，使得近千萬畝農田受災。德州、奧克拉荷馬州等地，生活無以為繼的農工家庭被迫遷徙，他們大多沿著66號公路進入加州，試圖展開新生。這也是美國繼1849年的淘金熱後最大規模的一次人口遷徙。

5. 納粹掌權的德國

1935年德國已進入希特勒當政的「第三帝國」時期。在集權統治下，德國的經濟在世界性的蕭條中相對穩定，但納粹黨的軍事野心及毀滅性的種族優越情節愈見顯露。希特勒在今年毀棄了一次大戰後限制德國軍備的凡爾賽條約，將大量國家經費投入軍事之用，使德國步入集權軍國主義的時代。

北十

都城圖：一眼看盡台北城

淡水河

新店溪

在北、西、南三面，分別緊鄰基隆河、淡水河、新店溪的台北市自清代將台灣設省後，就成為台灣的政經重鎮，並在1894年成為省會。1895年日本人統治台灣之後，將總督府設置於台北，再次確立了台北作為台灣首府的地位。雖然在1920年的町名改正後，台北的街道都有了日式的町名，但簡而言之，1935年的台北，人口密集的核心地帶，大多落在民眾俗稱「城內」、「大稻埕」與「艋舺」的三個區域中。其中被三線道包圍的城內不但是官廳聚集的核心地帶，也是日本人聚居的區域。而作為淡水河舊港區的艋舺，與隨後因貿易興起的大稻埕地區，則是台灣人最繁榮的都市聚落。沿著通往神社的敕使道路，北至圓山、淡水一帶，或往南至新店溪畔，都是當時台北市民近郊的活動範圍，至於走到台北帝國大學所在的古亭町周邊，那就已是阡陌相連的農家景致了。

城內	I 北門 II 東門 III 南門 IV 小南門 V 北三線道（今忠孝西路） VI 東三線道（今中山南路） VII 南三線道（今愛國西路） VIII 西三線道（今中華路） IX 敕使街道（今中山北路自行政院至中山橋路段） a 榮町（今中正區衡陽路、寶慶路、秀山街一帶）	b 本町（今中正區忠孝西路、衡陽路、重慶南路一帶） c 表町（今中正區許昌街、襄陽路、館前路一帶） 1 總督府（今總統府） 2 台北州廳（今監察院） 3 台北車站 4 鐵道飯店（今台北車站前新光三越大樓） 5 本町消防詰所（今忠孝西路、重慶南路交叉口）	6 遞信部（今國史館大樓） 7 新公園（今二二八紀念公園） 8 總督府博物館（今國立台灣博物館） 9 台北放送局（今台北二二八紀念館） 10 台北公會堂（今中山堂） 11 台北商品陳列館（今歷史博物館） 12 菊元百貨（今博愛路衡陽路口的國泰世華銀行）
大稻埕	d 永樂町（今大同區迪化街、甘古街一帶） e 太平町（今大同區台北橋以南，延平北路、重慶北路一帶） f 港町（今大同區環河北路、貴德街一帶） j 日新町（今甘州街、華亭街、重慶北路一帶） 13 大稻埕碼頭 14 太平公學校（今太平國小）	15 錦記茶行（今大同區貴德街73號） 16 第一劇場（今延平北路、保安街交叉口第一企業中心） 17 仁安醫院 18 霞海城隍廟 27 大稻埕基督教長老教會（今甘州街40號）	
艋舺	g 新富町（今萬華區廣州街、康定路、和平西路一帶） 19 懷安醫院 25 龍山寺		
	i 西門町（今成都路、西寧南路、昆明街、康定路一帶）		
	h 古亭町（今和平東、西路、同安街、泰順街、龍泉街一帶） 20 台北帝國大學（今國立台灣大學） 21 大學住宅組合（今和平東路、青田街、永康街與溫州街一帶） 22 台北高等學校（今國立台灣師範大學） 23 圓山神社（今圓山飯店）、圓山運動場（今中山足球場） 24 川端跑馬場（今古亭河濱公園一帶） 26 松山機場		

台北火車站：熙來攘往的都城門戶

1935年，台灣作為日本的殖民地已邁入四十年，殖民初期的對立與緊張日漸趨緩，1920年代末的經濟蕭條也進入尾聲。這年的台北正緊鑼密鼓地籌畫日本統治四十周年的博覽會，即使是同年4月新竹台中地區發生的重大震災，也未動搖當局舉行這場盛會的決心。

為迎接參觀博覽會而湧入的人潮，向來繁忙的台北車站顯得更加熱鬧了，縱貫鐵路不但配合基隆港的船期全面改點，也大量加開班次疏解運量。看著站前廣場上的公共、私家車輛，打算走訪台北各處的人一點兒也不用擔心交通，本就競爭激烈的人力車夫中，今年來了更多外地面孔，盼望著一趟數錢的生意。方便的市營公車也隨著警務部的要求，換上嶄新的流線車型，在市內只要8錢就能坐一趟。當然，想奢侈一些的人，三小時要價12圓的出租車也是個好選擇。對來自中國的旅客來說，看見靠左行駛的汽車一開始還得適應一下，而在日本旅客的眼裡，台北的街道寬闊，還少了家鄉吵雜穿梭的電車，頓時讓他們對這城市產生了摩登的印象。

台日定期航線

台灣長期爭取補助的台日定期航線,終於在1935年隨著博覽會的腳步得到日本遞信省的許可。10月,日本航空株式會社派出Fokker F型的「雁號」飛機為「航空促進遊覽飛行」的活動試航,從福岡來到台北,隨即再飛往福建,邀請當時的省長陳儀前來參觀博覽會。「雁號」也在這年的最後一天成為第一架以定期客機名義降落在松山庄台北飛行場的飛機。自此,台灣與日本間的距離縮短到一日之內。而此時日本中島飛行機株式會社的工廠中,購自美國道格拉斯公司的製造技術與客機零件正被打造成未來定期往來於台日天空的DC-2型富士號客機。

輪船海運

發跡於甲午戰爭與日俄戰爭的大阪商船株式會社,是掌握台灣到日本海運航線的霸主之一,也是最早經營總督府的「命令航路」並定期接受官方補助的商社。日本勢力所及的各地郵務、軍需、貨客運都在命令航路的規劃之內,而各航線間又以航行於台灣、日本之間的「內台航路」與往來於台灣、中國沿海與南洋各地的「支那南洋航路」最具經濟與戰略意義。基隆港在19世紀末重築疏濬後,成為台灣北部的航運樞紐,並在1930年代迎來了蓬萊丸、高千穗丸與瑞穗丸這類8000噸級以上的巨輪。在台灣總督府大力宣傳台灣旅遊的1930年代,許多從中國、日本、歐美來到台北遊覽的旅客,都是在基隆結束豪華的郵輪航程後,再轉乘火車進入台北。

便利的鐵路

鐵路從清代開始就是台灣現代化的指標,聯通台灣西部的縱貫鐵路更早在1908年就已通車,除了重要的貨運用途外,客運交通也往來頻繁。1935年,從高雄到台北只需要大約12小時。至於車資就得看車廂等級了,一般台灣旅客大多搭乘最為普通的三等車廂,一張車票約莫10圓,這是一名泥水工將近一周的薪水,日本人和台灣富商士紳常坐的二等車廂就要20圓,而更昂貴的頭等車廂,選擇的旅客就更少了。由於車行時間較長,夜行車中準備了臥鋪。就算不進餐車飽餐一頓的旅客,在一般列車上也買得到50錢一盒的便當。在當時訪台的外地旅客眼中,台灣的火車整潔舒適,搭乘數小時的旅程是十分愜意的旅途體驗。

三線道路：路樹搖曳的現代化象徵

10月初的北台灣已經有點秋天的涼意了，台北湧入一群群來自廈門、日本、滿洲，還有更多來自台灣各地的旅客，步出火車站，眼前充滿現代化企圖心的北三線道就是他們對台北城內的第一印象。透過分隔島上的兩排蒲葵林蔭看向馬路對面，旅客們即將入住的鐵道旅館和周邊的建築物，都透著濃濃的歐式風情。40公尺寬的分線道路上，往來穿梭的汽車與公車不必刻意閃避行人和人力車，飛速駛過平整的瀝青路面，連塵土都不怎麼揚起。外地旅客們在火車上，就已不斷聽人談起即將展開的博覽會中將有多少新奇的展覽，但對第一次來到台北的人們來說，光是三線道的街景就已是殖民地在現代化主題下最亮眼的展示了。

1935
TAIPEI

鐵道飯店：
皇族名流的社交殿堂

為了參觀博覽會而造訪台灣鐵道飯店的旅客們，不論來自何處，都已是習慣富裕生活的一群，但坐在鐵道飯店的咖啡廳裡，手中拿的是英國進口的瓷杯、茶匙，品味一杯香濃的咖啡，享用法國主廚烹飪的的餐點，身邊是吊扇送來的襲襲涼風與侍者殷勤的招呼，奢華之餘，還能感受別處所沒有的貴族情調。

　　伴隨台灣總督府對來台旅遊的鼓吹，1935年發行的台灣旅遊介紹中，從台北城內到北投，列出的旅社已有洋洋灑灑數十家，但仍沒哪間能超越鐵道飯店在台北的地位。來台巡視的皇親國戚在此接受款待、政商名流的商號成立、節日慶祝、僑胞聚會等場合也都在此聚會宴飲。在鐵道飯店開幕之後，台北時下最有權勢的人物及上流社會的活動交誼，都曾在鐵道飯店的眼下走過。

台灣第一家西式飯店

1908年10月台灣縱貫鐵路從基隆到高雄全線通車，台北車站對面的台灣鐵道飯店也在同年同月隆重開幕。鐵道飯店是台灣第一家西式飯店，背後的老闆是總督府鐵道部。這棟優雅的德式磚造建築雖只有三層樓高，卻配有一座面積約兩坪半，檜木鋪地的高級電梯，這也讓鐵道飯店榮登台灣第一個配有電梯的商業場所。各式設備如馬桶、餐具、電器等，都是來自歐洲的舶來品，飯店內也為上流社交圈定期舉辦日式、西式音樂的演奏活動，其豪華的程度可見一斑。

迎接世界各地的貴客

在這張英文的飯店簡介中，可以看到鐵道飯店提供住宿、餐飲、酒吧、和撞球間等服務以及相對應的費用。主餐廳的一客晚餐要價3圓，樓層高的房間較便宜，但就算是三樓最便宜的單人房也要3圓一晚，最奢華的雙人套房則要27圓一晚，在100斤蓬萊米只需10圓的1935年，這裡的消費可真是不可思議的高貴體驗。

城內：官廳聚集的心臟地帶

小南門

在日本殖民政府以西化、文明為宗旨的城市規劃理念下，1884年才完全竣工的台北城牆，注定成為歷史舞台上短暫的一瞥。自從日治初期為改良鐵路而拆除了西門與周邊城牆後，隨著一系列道路拓寬和興築公園的都市計畫，台北的城牆就此消失了。但因為改朝換代而犧牲的城牆其實並未離開台北，它的石材大多轉移至台北城內的官廳建設中，無論是台灣總督官邸、台北監獄、台北醫院還是統管物產輸出的專賣局，建築中都有台北城牆的「細胞」。日本人踩著過去城垣的腳印，特意留下的四座城門作為點綴，開闢了東、南、西、北四條寬闊筆直林蔭三線道，重新定義了台北城的景觀。而被四條三線道路圍繞的「城內」區域除了是台北的日本人聚居之處外，更是日本人殖民政府大量投注資源，以期掌控全台的心臟地帶。

遞信部

位於城內書院町的總督府遞信部是棟1920年代中期落成的三層樓建築，從正面氣派的圓拱入口與複合式羅馬圓柱可看出總督府建築師們對古典巴洛克風格的偏愛。遞信部廳舍採用鋼筋混凝土構造、鐵製骨架拉門、特殊板壁塗料等新式工法，確保防震、防盜、防火的效果，也是台北頭幾棟擁有電梯升降設備的建築。遞信部掌管的業務十分龐雜，是控制台灣通信相關的郵政、電報、電話等業務的最高主管機關。此外，與交通相關的海運、空運以及部份金融相關的匯兌、儲金等項目也歸屬遞信部管理，其員工多達千人。

南門

台灣總督府

1935年，台灣總督中川健藏來台已接近三年，他每天進出辦公的台灣總督府已經啟用近二十五年了。1906年，第五任台灣總督佐久間左馬太興起新築總督府的想法，因此舉辦了兩次設計競圖，最後由設計師長野宇平治的作品勝出。經過總督府營繕課建築師森山松之助的修改後，以七年的時間建築完成，花費了280餘萬鉅款，與同時期完成的博物館相比，耗資十倍以上。雖然這項當時全東亞僅見的巨大建案，曾受到日本國內輿論的批評，但完工後的總督府樓高五層，擁有後文藝復興式的歐化外觀，而高達60公尺的中央高塔，也成為當時台北最高的建物，完全彰顯殖民政府希望在新領土上建立的威權。

東門

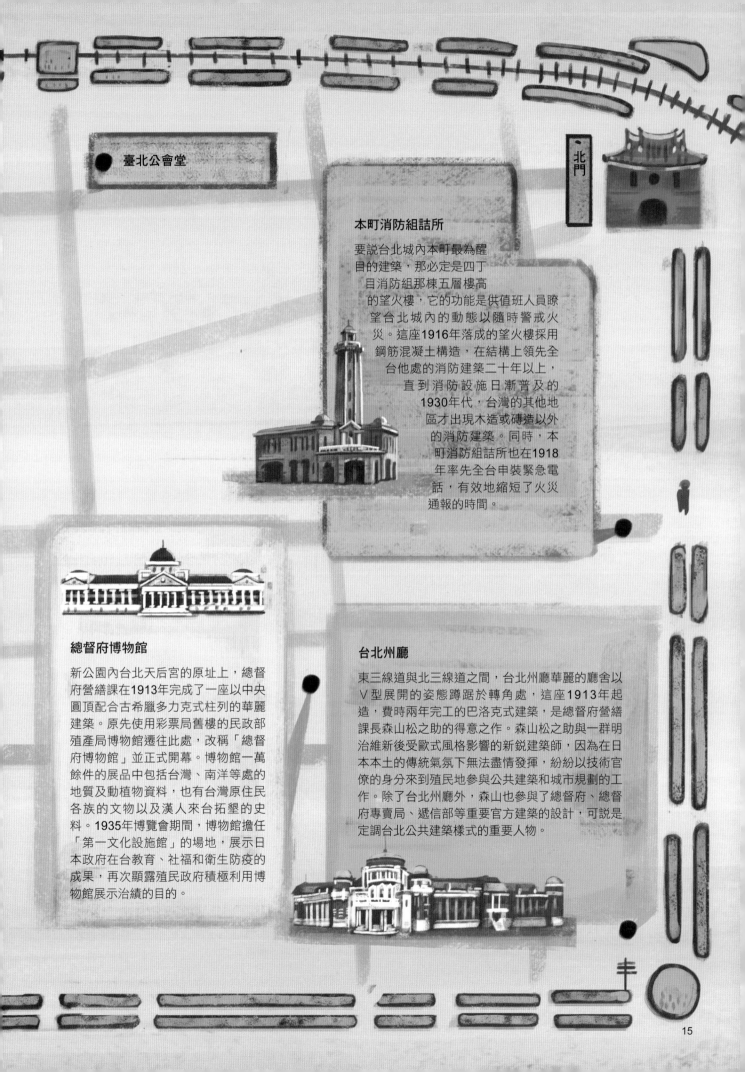

臺北公會堂

北門

本町消防組詰所

要說台北城內本町最為醒目的建築，那必定是四丁目消防組那棟五層樓高的望火樓，它的功能是供值班人員瞭望台北城內的動態以隨時警戒火災。這座1916年落成的望火樓採用鋼筋混凝土構造，在結構上領先全台他處的消防建築二十年以上，直到消防設施日漸普及的1930年代，台灣的其他地區才出現木造或磚造以外的消防建築。同時，本町消防組詰所也在1918年率先全台申裝緊急電話，有效地縮短了火災通報的時間。

總督府博物館

新公園內台北天后宮的原址上，總督府營繕課在1913年完成了一座以中央圓頂配合古希臘多力克式柱列的華麗建築。原先使用彩票局舊樓的民政部殖產局博物館遷往此處，改稱「總督府博物館」並正式開幕。博物館一萬餘件的展品中包括台灣、南洋等處的地質及動植物資料，也有台灣原住民各族的文物以及漢人來台拓墾的史料。1935年博覽會期間，博物館擔任「第一文化設施館」的場地，展示日本政府在台教育、社福和衛生防疫的成果，再次顯露殖民政府積極利用博物館展示治績的目的。

台北州廳

東三線道與北三線道之間，台北州廳華麗的廳舍以V型展開的姿態蹲踞於轉角處，這座1913年起造，費時兩年完工的巴洛克式建築，是總督府營繕課長森山松之助的得意之作。森山松之助與一群明治維新後受歐式風格影響的新銳建築師，因為在日本本土的傳統氣氛下無法盡情發揮，紛紛以技術官僚的身分來到殖民地參與公共建築和城市規劃的工作。除了台北州廳外，森山也參與了總督府、總督府專賣局、遞信部等重要官方建築的設計，可說是定調台北公共建築樣式的重要人物。

1935
TAIPEI

都市的新秩序：消防、警察與金融

消防隊

1935這一年，想加入台北消防組的青年們有機會了！為了千歲町第二消防詰所的成立，台北舉行了招募常備消防手的考試，想得到這份工作，除了參加體能測驗外，還得通過日文、算術、作文等科目的考試。

消防系統是台灣眾多公共事務中較晚制度化的，1922年台北才率先全台，將義勇隊形式的消防組建置為常態編制的組織。到了今年，城內城外的三個消防組中已有三十二名的常備消防手，也從國外引進了新式消防車與蒸汽幫浦車等打火利器。不過這時的全職消防手絕大多數仍是日本人，鮮少見到台灣人加入。

延續日本國內的消防傳統，消防組的組長稱為「頭取」，消防人員穿著制服，也穿印有隊名的法被，其中又以花紋搶眼的花褲子最具特色。每年新年期間的消防演習是消防組最重要的活動，具危險性的爬梯比賽則是演習中最具傳統的節目，這不僅是個刺激熱鬧的特殊競技，也是消防手展示在火場中即時反應的技藝。

警察

這張南無警察大菩薩海報中的千手警察形象，精準地描繪了日本警察在殖民地所扮演的角色，對於日本統治下的台灣的民眾而言，「警察」就是統治者的代言人。雖然1935年的台灣正處於自1919年開始的文官總督時期，但警察在台灣社會的權力並沒有因此削減。直接受總督府支配的日治時期警察，代表殖民政府與台灣人民接觸並進行管理工作。警察的管轄範圍涵蓋了治安維持、地方稅務、疫病防治、戶政管理、甚至思想控制等業務，可說台灣社會生活中的各個層面幾乎都在警察系統的監督之下，而警察的權力在實質上也超越了地方上的行政體系，讓台灣總督府對殖民地擁有最高的掌控能力。

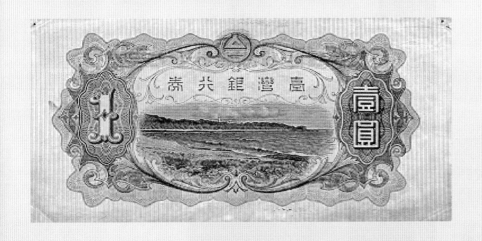

金融

日治時期對度量衡和貨幣的統一是日本在台統治的重大政策，也是決定台灣經濟發展的關鍵之一。在清朝統治時期，台灣的貨幣種類既多且雜，各種鑄造來源的銅錢、銀幣、銀塊都能作為交易之用，因此1895年日本接收台灣後，立即著手籌備台灣銀行，並統一發行紙幣作為主要貨幣。這張正面為台灣神社，背面為鵝鑾鼻燈塔的台灣銀行券，是台灣銀行在1910年所發行的，也是往後三十多年間台灣的固定貨幣。不過，台灣銀行券僅限於台灣地區使用，這項措施使日本能有效地控管殖民地中的資金流向。此外，日本大藏省於1931年頒布法令禁止日本領土內的銀行，進行金子與貨幣間的兌換，這也讓貨幣對金融活動的控制更有效也更嚴格。

都市的基礎建設：
電力、廣播與郵政

電力

博覽會期間，有「台北銀座」美稱的榮町主街，商家們配合著活動期間對台北城市的宣傳，每晚亮起製作精巧的霓虹招牌，與城內臨時加設的四萬七千多盞街燈相映，輝煌而熱鬧的夜景，是都市生活中的新奇體驗，同時也能藉由穩定供應電力的成果，展示台北現代化的基礎建設。經營台灣電力設施的「台灣電力株式會社」成立於1919年，是總督府所投資的半公營會社。1930年代開始為了增加會社營收，推動了多次以優惠電價為號召的「增燈增燭」活動，積極地向都市的一般大眾推銷電力服務。但其實當時台灣的電價遠高於日本本土的價格，這也讓電力的獨占經營飽受社會輿論的批評。

同時，「台灣電力株式會社」為提供當時工業化設施所需的電力，積極研發以水力發電為主的發電方式。1934年10月，台北鐵道飯店有一場盛大的宴會，為的就是慶祝耗時十五年的日月潭水力發電工程竣工，這項設施的完成不但登上了當時亞州最大發電廠的寶座，也將供給全台近七成的電力。

（臺灣）日月潭取水場　AN EQUIPMENT OF ELECTRIC SUPPLY
發電工事の為め諸程の　AT JITSUGETSUTAN, FORMOSA.
場設が為されそれぞれ風致を添へて居ります　水面も六十尺も上り
周圍の小山、湖畔は水底に沒し頗る廣大な景分を現出しました

台北放送局

1925年左右，在台灣擁有收音機的人，只能收到日本、朝鮮、中國等地跨海而來的廣播，直到台北放送局於1931年在台北新公園中開台，才揭開全島廣播時代的序幕。1935年的博覽會，收音機在一個標榜「電力家庭的一天」的展間中出現，做著廣播體操的早晨、收聽廣播節目的悠閒午後都向參觀者展現富裕而悠閒的情調。由此可見，在當時收聽廣播仍是非常時髦甚至有些稀奇的活動。台北放送局除了延請專職的播音員、組織樂團進行固定節目外，也有許多和一般市民結合的活動，如邀請中小學的合唱團演出，或舉辦特定主題的演講。中央研究院院士曹永和先生就曾在末廣小學校的遊藝活動中，和同學前往台北放送局表演唱歌及說故事。1933年，日本皇室成員隨軍艦來台演習巡視時，台北放送局也曾特別組織「奉迎之夜」的節目，當時包括大稻埕蓬萊公學校在內的多所學校，都曾指派學生在節目中表演唱歌。

廣播亭

台北放送局開台後，新公園中也設置了放送亭公開播放廣播節目，2公尺的石造廣播亭採用神社宮燈的造型，亭身上鑄刻的JFAK就是台北放送局的呼號。

郵政

參觀台灣博覽會的遊客，在各個會場中都能找到「臨時郵便出張所」的服務，將手中的明信片寄出，與家鄉的親友分享遊覽台北的體驗。日治時期台灣郵政的最高管理機關是總督府遞信部，從日治初期野戰郵局的型式開始，台灣的郵政到了1930年代無論是島內或是與日本之間的通郵都已上了軌道。在台灣島內，隨著鐵路與公路系統的延伸，郵車和郵差可以將信件送達偏遠的村落。1935年，台北飛行場落成，因此台灣的國際郵路也在定期輪船之外增加了航空郵遞的方式。人們走進當地的郵局，除了可以買郵票寄信、寄包裹以外，還可以存錢、發電報、交電費或替家裡申請當時十分稀奇的電話服務。

台北公會堂：
規模空前的台灣博覽會

　　當台中的吳新榮醫師在11月12日清早坐著夜車抵達台北，來到博覽會第一會場的牌樓前時，「台灣始政四十周年博覽會」已經熱鬧了一個多月了。約莫一周前吳醫師與家人已前往台南參觀了設在安平的水族館，對台北的三個主要會場更是充滿期待。

　　在第一會場的入口前，有戶外教學的師生、有總督府自各國邀請的貴客，當然也少不了像吳醫師一樣，受到報紙、媒體吸引，從台灣各處湧入台北的民眾，許多人顯然還是第一次來到台北。不管是哪個會場，各場館的設計無不挖空心思表現主題特色，許多展示還結合電光音效，令遊客們目不暇給。專為連接第一會場展區而設的臨時天橋上人潮穿梭不息，光從這點看來，博覽會的效果似乎頗符合總督府的期待。

　　「台灣始政四十周年博覽會」並不是日本政府在台舉辦的第一個博覽會，台灣總督府不論宣達政令、展現殖民成果的物產、衛生，還是特殊節慶等，向來慣用小規模博覽會的形式。但1935年的博覽會，無論在企圖或是規模上都是空前的。除了興建全新的公會堂，合併西三線道的街區作為第一會場外，台北新公園與大稻埕的太平公學校旁，也分設了第二和南方館會場。此外，台北近郊的板橋林家花園與草山的觀光區也都有會場展出的活動。

　　以展示的目的來看，官方展出在台文化、衛教、基礎建設成果的場館占了不小的比例。在第二會場中，甚至搬來原住民的部落建築與村民作「教化展示」，由此可窺見殖民者背後的優越心態。本次博覽會的其他場館大致可分為幾類，首先是展現殖民地產業實力的糖業、產業、礦山等館，其中以特大號年輪作為門面的林業館最引人注目，而在台資金最雄厚的三井會社也開設了獨立場館。來自各處的地方館也是這次大會的特色之一，日本的許多大城市為把握商機都來台設置場館推銷各地觀光及物產，當局也藉機展示勢力範圍下的朝鮮和滿洲。在大稻埕的南方館中，菲律賓與暹羅館的設置，更透露出日本帝國往南拓殖的野心。

廣告贊助

經費取得的方式是此次博覽會的另一項特色，官方並未對這次活動挹注任何預算，所有的活動經費都是自商界與民間募得的。因此，當時有點身分地位的士紳、商人無論樂意與否，大多數都成為「台灣博覽會協贊會」的捐款會員，而博覽會中小至左圖的鴨型垃圾桶，大至噴水池等設施上，也都能看到贊助商家的宣傳商號。

新公園：台北市民遊憩的庭院

　　走在台北城內的榮町、表町的人們，隨時都能從繁忙的市街上抽身，轉身走入台北公園偷閒片刻。這個台北市內的大型歐化公園於1908年向大眾開放，比起近郊的圓山公園稍晚十年左右，因此被市民暱稱為新公園。拜訪台北的旅客不管翻開哪種語言的旅遊介紹，都少不了對新公園的推薦。其實不只是旅客，就是長住台北的居民們，想到輕鬆玩樂的一天，心裡也都少不了新公園的回憶。從學生的遠足、寫生、運動會到假日的球賽、音樂會、甚至是官方在特殊節日的慶祝活動，新公園都是首選地點。

　　每年6月17日的始政紀念日，總督府按慣例在這兒準備茶會款待官員，而四十周年的今天更是擴大舉辦，一同表揚籌辦博覽會有功的民間人士。在榮町經營辻利茶舖的實業家，人稱「民間總督」的三好德三郎先生就在這次慶祝會中受到表揚。作為博覽會的第二會場，新公園中的遊人們從琳琅滿目的場館間眺望著不遠處的總督府尖塔，不時也能見到老人們朝著博物館比劃著當年天后宮的位置，向孩子描述著那已為博物館取代的廟宇曾是如何地莊嚴華麗。

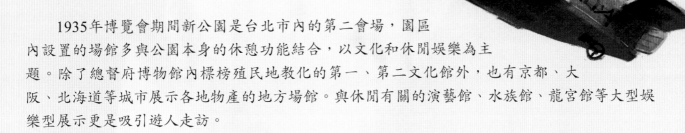

以鋼纜懸掛著數個機身，讓搭乘的小朋友可以升空繞行旋轉的飛行塔，是當時少數以機械操作的新潮遊樂設施。

　　1935年博覽會期間新公園是台北市內的第二會場，園區內設置的場館多與公園本身的休憩功能結合，以文化和休閒娛樂為主題。除了總督府博物館內標榜殖民地教化的第一、第二文化館外，也有京都、大阪、北海道等城市展示各地物產的地方場館。與休閒有關的演藝館、水族館、龍宮館等大型娛樂型展示更是吸引遊人走訪。

　　對小遊客們來說，第二會場內任何新奇的場館都比不過兒童王國中的遊樂項目，鞦韆、木馬、可以自行駕駛的戰鬥車、或是升空旋轉的飛機塔等無不大受好評，因此博覽會結束後，多項設施都被保留下來，在往後許多年間成為台北小朋友們流連忘返的場所。

　　從榮町的圍牆看進新公園，最醒目的建物莫過於造型新穎的扇形音樂堂，而音樂堂的設置是日本人將東京日比谷公園的成功經驗複製於台灣的例證之一。從1908年公園啓用開始，每周三和周日晚上都在音樂堂舉辦音樂表演，其中以總督府支持的「台北音樂會」為固定班底，市民們能欣賞到包括進行曲、華爾滋舞曲或日本和樂等各類音樂。1935年，「台北音樂會」將多年來以管樂吹奏為主的樂團加入絃樂擴編為管絃樂隊，在配合博覽會改建完成的第四代音樂堂舞台上盛大演出。

新公園音樂堂

新公園中的音樂堂曾歷經四次更迭，一到三代的音樂堂的基本樣式都是八角型的涼亭式建築，而1935年增建的第四代音樂堂不僅擴大面積，也改採更具現代感的單面舞台形式，這樣一來，新公園音樂堂不但更適合大編制的音樂表演，也能配合電影放映、舞蹈、劇場等不同類型的演藝活動。

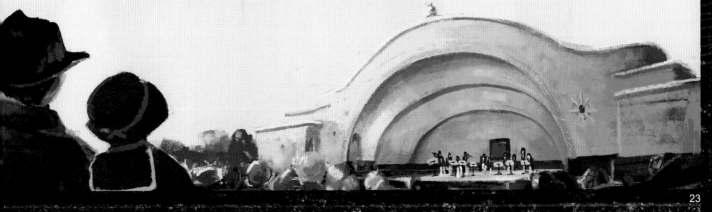

大稻埕：台灣人聚居的商業及文化中心

　　港町尋常的午後，大街上瀰漫著茉莉花與烘茶的香氣，撿茶的女工們正在亭仔腳內對著茶簍忙碌，賣東西的小販們，也在街道間穿梭。往來於大稻埕各町間的賣布小販忍不住與客人聊起這幾個月來的熱鬧景象。由於大稻埕鄉紳富商的爭取，博覽會標榜南國風情的第三會場設在太平公學校一帶，其中介紹泰國、菲律賓以及福建華南的展館全都精緻而新奇，這讓許多外地遊客走出屬於日本人的城內，來到台灣人聚居的大稻埕。

　　當然，年底的選舉也是最近的熱門話題，過去全由官方派任的街庄協議會會員，今年將開放一半的席位改為民選。雖然撿茶女工們以及叫賣的小販沒有投票權，但參選的蔡式穀與陳逸松辯護士，都是大稻埕赫赫有名的人物，他們近日四處奔走演說、散發傳單。陳律師的宣傳遊行裡還有艋舺慈善機構愛愛院的院民，拉著胡琴助唱競選歌曲，十分引人注目，這番積極倡導，讓大家不管能不能參與，都對這次的選舉更關心了一些。

亭仔腳

日治時期住商混合的街市中，常見連棟街屋向外延伸的騎樓，稱為「亭仔腳」。淡水河邊的港町一帶為防洪而墊高建築地基，因而出現亭仔腳高至行人腰部的有趣景象。

大稻埕一帶被當時的日本人視為「本島人的市街」，1922年的町名改正後，舊時大稻埕的區域涵蓋了大橋町、港町、永樂町、太平町、日新町、蓬萊町、下奎府町、建成町、上奎府町幾個地區。雖然日本統治後的種種建設如鐵路停靠與道路修築等大多獨厚日人聚居的城內，但仍不影響與台灣人社群的活躍，大稻埕街市上舉凡茶葉、藥材、布匹乃至各式南北貨的貿易無不興盛。同時，屬於台灣人的政治與文化理念也都萌發孕育於此地。靜修女中是全台第一所西式女子學堂，永樂座是台灣現代化戲劇的舞台，而「港町文化講座」是蔣渭水醫師推動台灣文化協會的根據地。日治時期唯一為台人發聲的《台灣民報》，也以蔣醫師在太平町的大安醫院做為發行處。

石磨

在高度都市化的大稻埕，巷弄中還是會看見幾戶人家共用的石磨，在年節將近的時刻，婆婆媽媽們則為了炊粿做發糕而忙碌著。日本人統治台灣後積極改用西曆，試圖改變台灣人慶祝傳統節日的習慣。但台灣人長久以來的生活習慣並未被輕易動搖，端午、中秋、中元、春節等重要節日依舊被視為一年中的大事，廟宇中的神明誕辰及廟會活動更是全年節慶中的亮點。

小販

在固定的商家之外，肩上挑擔或推著貨車沿街叫賣的小販，也是街市中常見的人物。他們兜售的商品或提供的服務可說五花八門，對於那些離市場、商店較遠的聚落來說，小販帶來的便利，更是舉足輕重。有的小販在一副扁擔上挑著碗盤爐火賣熱騰騰的點心，有的帶著全套工具為大家修碗補盤。從腳上穿的木屐、小朋友的玩具，到家庭需要的針線雜貨，都有小販能滿足大家的需求。如果來的是賣膏藥的拳頭師傅，更少不了打拳賣藝熱鬧一陣，引來路人興奮圍觀。

遊行

在電視尚未正式問世，廣播也還不普及的1930年代，當商家需要宣傳新商品或活動時，都會選在大稻埕這樣人潮聚集的街市，以遊行踩街的方式廣為宣傳。像古倫美亞唱片公司就常派出打歌牛車，載著歌手和樂器沿街宣傳新灌錄的歌曲；西門町的大世界館甚至派出一日兩次的固定踩街活動，大力放送新上檔的電影。1935年的博覽會開幕前，多次日間、夜間宣傳遊行都各具巧思，在敞篷汽車上招手的咖啡店女侍、各大商號參與的花車扮裝比賽，從城內一路遊行至大稻埕各處，極盡花俏時髦之能事，成功地吸引了一般民眾對此次盛會的注目。

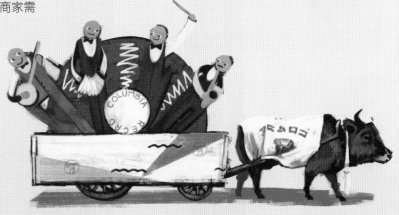

大稻埕碼頭：國際化的貿易樞紐

秋日傍晚，夕陽照在淡水河上，港町某家茶行的一位外國客人在大稻埕碼頭散步，一艘戎客船泊在碼頭下貨，抬著貨物的工人們將木船與棧板踩得嘎嘎作響。比起他在基隆港登岸時，港口密密排滿千噸以上的郵輪貨輪、起重機與台車不停運作的景象，很難想像才不到三十年前，這個如今看來淤淺的河港曾是北台灣最重要的進出口岸，甚至一度是總督府稅關的所在地。不過，港口的蕭瑟並不影響大稻埕滿街商行的榮景。這趟拜訪台北，讓這位客人嗅到了不少生意機會，心裡想著，或許台灣真的是將生意擴展到中國華南或是滿洲的絕佳跳板啊！

戎克船

「戎克船」是日本人從西班牙文的 junk 這個名稱直接音譯而來的，從16世紀到20世紀初的數百年間，這種粗壯的帆船是中國與台灣之間的貿易主力，木製的船身十分堅固，且有水密隔艙的安全設計，在大海與河流中都能暢行無阻。

大稻埕在清代曾擁有台灣的第一個火車站「大稻埕火車票房」，大稻埕碼頭也曾是淡水河運全盛時期的主要碼頭。碼頭周邊茶商、洋行林立，著名的英商怡和洋行與德記洋行都曾在這設立據點；曾為洋行買辦，在世紀之交崛起的「台茶之父」李春生，也在此發跡。到了日治時期，當局有計劃地將資源往日人聚居的城內集中，台北車站的遷移與基隆港的啟用，逐漸取代大稻埕碼頭的轉運功能。由殖民政府支持的日資財團三井會社，也打出「日東紅茶」的品牌，試圖壟斷台商長期經營的烏龍茶市場。僅管在1933年日東紅茶的出口量已超越烏龍茶，但同年的調查中也顯示屬於大稻埕地區的各類商家、會社在數量上比城內更多，可見大稻埕的商業實力，並未因政治因素受挫太多。

教會活動

曾為台灣主要貿易門戶的大稻埕在清代就已是個國際化區域，除了各國的洋行外，大稻埕一帶也是天主教與基督教會於北台灣的主要據點。天主教會在20世紀初期便在此辦學，靜修女中不但提供女孩難得的高等教育機會，也因為教會的立場而能突破當時台、日共學的禁忌。

基督教方面，早在19世紀，以醫療為志業的馬偕牧師即在淡水、大稻埕一帶傳教並建立長老教會禮拜堂。而富商李春生早年隨父親經商時便已受洗為基督教徒，致富後更是全力支持教會的拓展，1915年獻地出資，為長老教會在日新町興建「大稻埕基督教長老教會」。李春生於1924年過世，他的子孫於1935年在港町建立了以他為名的紀念教會。

錦記茶行

座落於港町街上的錦記茶行，門面寬闊，是一幢中西合璧樣式的三樓豪宅，同時也是茶業大亨陳天來的家屋。陳天來身為1920至1930年代台灣茶商的領導人物，政商關係良好，不但曾說服台灣總督廢止製茶稅，也是籌備台灣博覽會期間，促成第三會場落腳大稻埕的關鍵人物。從陳天來的手腕和影響力，我們也能略微窺見當時台灣商界與殖民政府間的互動情形。

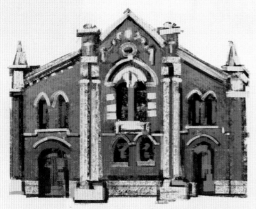

李春生獨資為長老教會在日新町蓋起的教堂

來自西班牙的根禮孟德斯神父，1916年就為大稻埕的女孩帶來了受高等教育的機會

日東紅茶

茶箱與麥頭

「麥頭」是一片刻有商號名稱的金屬片，工人將麥頭壓在貨箱上塗漆，就能讓商號的名稱印在貨箱上。

市會街庄協議會會員選舉

1935年的市會街庄協議會會員選舉，是日本殖民政府首次在台辦理地方自治選舉，雖說是台灣第一次民主選舉，但仍設下了諸多限制，只有年繳稅金5圓以上的男子擁有投票權。選舉當天，選民直接以毛筆寫下屬意的候選人姓名，投入票箱。這次的選舉中，台灣人占了民選席次的三分之一，而蔡式穀與陳逸松兩位台籍辯護士分別得到第一與第四高票。

台灣商品陳列及菊元百貨：台灣特產品與外國奢侈品

台灣是日本的第一塊海外殖民地，總督府下的殖產局積極發展台灣的農、林、工、礦各項產業，希望自殖民地中獲取最大的利益。除維持傳統出口大宗的茶、米、林產外，隨著工業化生產的建立，樟腦、捲菸，與罐頭水果等產品都成為台灣的外銷主力。1935年，台灣的砂糖出口高居世界第三，而在塑膠普及之前，工業用途極廣的樟腦，台灣更獨占世界產量的70%。此外，像大甲草帽或新竹香粉這類能以家庭式工業生產的商品，也是當時台灣出口的熱門品項。

台灣在受日本統治之前，茶葉產品以烏龍茶與包種茶為主。日本政府為得到茶葉外銷的最大利益，扶植企業來台發展紅茶生產，改變台灣茶葉出口的結構。1935年前後，由日資會社經營的紅茶園遍佈新竹州與台北州的山區，並逐漸往中南部發展。「日東紅茶」就是當時最大的日商財閥三井會社以機械化生產線製作、包裝的台茶產品。

台灣總督府專賣局在台北松山煙草工廠生產的「曙」捲菸，為1935年的台灣博覽會發行了紀念版，包裝上椰子樹的設計凸顯了台灣的南國風情。

鳳梨是由日本人引進台灣並大力推廣的經濟作物，也是食品加工技術與農產品結合的典範。鳳梨罐頭作為台灣當時的新興產品，突破了新鮮水果只能銷售到鄰近國家的限制，成為外銷日本和歐美的新選擇，產量曾高居世界第三。

自樟樹木油提煉而成的樟腦是20世紀初期重要的塑化原料，可用於合成當時常見的塑料賽璐珞，也是製作黃色炸藥的原料之一，經濟價值很高。日本政府在全台各地都設有樟腦出張所，台灣的樟腦產品皆由殖民政府專賣，是專賣局賺取外匯的主要物產之一，而採用原住民頭像的包裝也刻意融入了台灣色彩。

台中大甲、苑里的婦女以當地生長的藺草手工編織成藺草帽，由於作工精緻，成為大量銷往日本、美國、中國的手工業產品。每頂帽子輸出前，都需經過「台灣總督府帽子檢查所」的品管，才能踏上出口的旅程。

商品陳列館

日本在明治維新後，從西方習得以大型博覽會等展示活動刺激產業發展的方式，而台北苗圃內的總督府商品陳列館就是此種概念下誕生的產物。陳列館中展示著台灣可作為出口商品的物產，這不僅展現殖產局的政績，更重要的是能將台灣的商品推銷給參觀的國內外人士。

1930年代的台北商業鼎盛，不但使社會上的中產階級增加，也造就了一批資產遠遠超過平均線的富裕階級，他們的消費需求讓許多奢侈品很早便出現在台灣的市面上。如大稻埕的「張東隆商會」就以經銷美國龐蒂克（Pontiac）和通用集團的汽車聞名，想讓孩子學習樂器的大戶人家，也能在表町訂購日本進口的三葉鋼琴。而美國進口的電冰箱則是當時最時髦新穎的家電產品，雖然在1920年代末就已在台灣出現，但直到1935年，都還是金字塔頂端的富人才能享受的商品。

美國通用1935年生產的Oldsmobile系列，是當時張東隆商會進口的奢侈房車之一。當時最平價的日本國產汽車也要1800圓一台，可想而知近三倍價錢的美國汽車對一般薪水階級而言是遙不可及的天價。

雖然在1930年代的學校與教會中風琴十分常見，但鋼琴就不同了，一台山葉的鋼琴約需500圓，是十分昂貴的樂器。

一台使用電力而非冰塊的冰箱，在1935年價格大約500圓，與一台鋼琴相當，對月薪30圓左右的上班族來說，是高不可攀的奢侈品。

菊元百貨

1932年在台北榮町開幕的菊元百貨，搶先台南的林百貨三天，奪得台灣第一的頭銜，這棟樓高七層的電梯大廈也成了台北消費的新地標。一到四樓是主要賣場，紳士用品、衣料布匹，以及賣給旅客的台灣土產，各式新奇的和洋雜貨、到旅行社的服務處一應俱全，走累了還能到五樓的食堂享用西餐，或到七樓的展望台俯瞰台北。來訪台北的民眾就算不需購物，特意到菊元百貨搭趟電梯，也感到不虛此行了。

太平公學校：
台灣孩子走進新式學校

阿欽到公學校念書已經三年了，他是家裡第一個讀日本書的人。以前阿公覺得日本學校又是體操又是畫圖，不像個讀書的樣子，所以阿欽的阿爸和阿叔只在書房上了兩年學。其實阿爸本來想讓阿欽去讀小學校，這樣以後念中學的機會高，但阿欽家不說日語，準備了幾個月還是沒考過。但阿欽覺得還是念公學校好，至少同學都和他一樣是台灣人，言語通習慣都一樣。上不上中學阿欽不太在意，至少公學校念完，他學會日語就能回家幫阿爸阿叔做生意了。

三年級開始，都要上一整天的課，老師也從台灣人換成了日本人。他喜歡在修身課和歷史課聽先生說故事，但國語課寫作文的時候，他都希望家裡有日語流利的人可以幫他。阿欽的同學們都想加入野球隊，代表學校去校際對抗賽很神氣。但是阿欽更喜歡唱歌課，每次先生找人搬風琴的時候他總是跑第一，上課時也賣力練習，他盼望著加入學校的合唱團，有一天能到台北放送局表演。

台北作為日治時代的政經中心，人口密度高，為台灣人設立的初等教育機構的密度也高。多所公學校都是由日治初期教授日語的「國語傳習所」改制而成，如艋舺地區歷史悠久的老松公學校，以及大稻埕地區的蓬萊公學校與太平公學校等。其中蓬萊公學校是專門培養女學生的初等教育機構，而太平公學校則是在1923年接受日本裕仁皇太子巡行的模範公學校，台灣第一位女醫生蔡阿信醫師就畢業於它的前身大稻埕公學校，而日治時期台灣最著名的雕塑家黃土水則是太平公學校的校友。

　　隨著台灣總督府在1922年重新頒布的「台灣教育令」，過去以日本人就讀小學校、台灣人就讀公學校的區隔在形式上解除了，小學校的入學資格也自此改為「以日語為常用語」的學童。孩子想進入教學程度較高，又容易與中學考試接軌的小學校必須先通過以語言能力為主的入學測驗，而這對一般台灣人家庭的學童而言仍是明顯的門檻。在初等教育還不是義務教育的1935年，大概只有不到一半的學童能入學，因此除了富裕家庭或受日式教育的知識份子家庭外，有能力上學的台灣小孩絕大部份仍是進入公學校讀書。

　　有別於早期台灣民間的書院教育，公學校和小學校一樣是新式教育，每天都有固定的作息時間。學童的一天從早上七點多到校打掃環境開始，學校一般並不負責午餐，孩子們大多得等家人替他們送飯。除了學習國語（日文）、算術、地理、歷史等知識性科目外，也有畫圖、唱歌、體操等培養學生性情和體格的動態活動。在每日的固定課程外，學校生活中也安排了一些學童所期待的特別活動，如運動會、外出寫生或前往全台各地參觀的戶外教學等，公學校的生活可說是十分豐富。

老師的文官服

正式任職的公學校教師被總督府定位為政府官員，所以工作時穿著文官服。日治時代的文官服是西裝樣式的制服，帽子和袖口鑲著金線，配上閃亮的肩章，有時腰間還掛著佩劍，可真是威嚴感十足。但文官服只有男教師才有，女教師工作時就穿著一般服裝，小朋友們也常常因此覺得女教師們少了那麼一點權威。

二宮尊德象徵的教育目的

出現在台灣最多公學校門口迎接孩子們上學的銅像，不是將軍偉人，而是一個背著柴薪手拿書本用功的少年。他叫二宮金次郎，又被稱為二宮尊德，是江戶時代的貧困農家少年。據說他在代替病故的父親照顧母親幼弟之餘，還不忘自修上進，最後不僅恢復了沒落的家業，還成為家鄉的領袖人物。他所象徵的「孝順」、「勤勉」、「至誠」與「忠實」等德目，正是殖民政府希望透過基礎教育為台灣人民養成的行為準則，因此二宮尊德的故事也出現在公學校的修身課本中，受到大力推崇。

太平公學校：台灣孩子走進新式學校

公學校作為專為台灣學童設置的學校，科目的安排和授課時數與日本人所讀的小學校差別不大。每個科目使用的教材都是總督府統一發行的公學校課本，但無論是文科還是理科，公學校的課程設計和小學校相比內容較淺，但中學入學考試的標準都以小學校的教學內容為主，因此這對於畢業後想要考進中學的孩子十分不利。

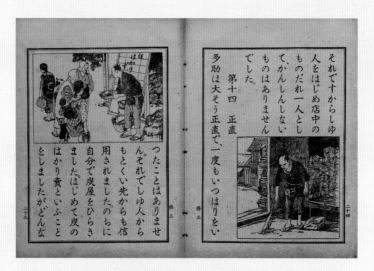

修身課本

公學校中，除了語言教學的時數偏高和教學內容偏向實用這兩點外，還有一項與小學校不同的特點，那就是每周一到兩小時的「修身」課程。「修身」是小學校所沒有的科目，內容著重在學生品行人格與社會參與的養成，目的是將殖民地孩童養成理想的國民。從一年級入學開始，這門課就利用許多生活小故事，教導學童服從學校秩序、接受社會中的規範，或以皇族、政要人物的言行為典範，灌輸學童勤奮、忠厚、誠實還有忠君愛國的信念。

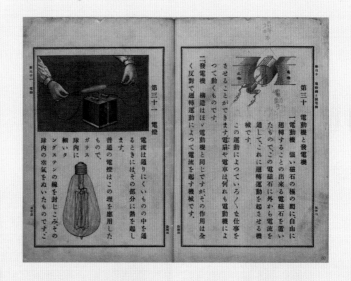

理科課本

20世紀開始，日本的學校系統對於科學教育越來越重視，這項轉變，也讓「理科」開始進入了殖民地學生的課程中。1922年的新教育令頒布後，公學校中本來五年級才開始學習的理科課程也向下延伸，改從四年級開始授課。每周一到兩小時的理科課程所教授的內容包羅萬象，從自然現象、生物、礦物、天文、基本的物理化學，乃至於健康教育和疾病衛生知識都在理科的學習範圍內。統治台灣之初，總督府在公學校設置理科的主要動機，是為了加強民眾的基本常識以「破除迷信」，而這樣的目的到了1920年代已漸漸淡化，取而代之的目標，是讓學生習得實用的科學知識，以便應用在農業、養殖業和加工業相關的工作領域中。由這樣的課程安排，其實不難發現當時日本對於殖民地人民的教育養成，還是有意識地侷限在「實用」與「技術」的層面。

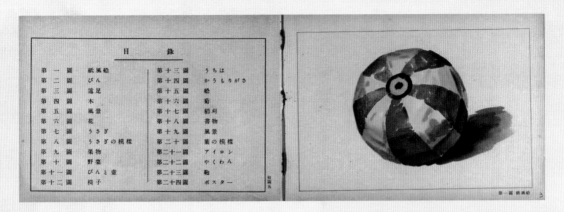

圖畫課本

公學校的科目中，音樂、美術和體育教學的出現是新式教育的象徵，從公學校圖畫課本的目錄可發現當時圖畫課的範例圖都採西式畫風，線條與色彩也十分細緻。在總督府的教育方針中，圖畫課主要是在訓練學生觀察與描繪的能力，以培養日常生活中的美感，早期的圖畫課常被視為手工科目的一環，希望學生能細心、仔細地畫出圖像。當時要成為公學校準老師的師範生，也都要學習繪製黑板畫作為課堂範例。課本中的例圖幾乎都是日常可見的物品與景色，同時也因地制宜加入了台灣本地的風景和文物。上圖畫課的時候，學生大部分的時間都在臨摹老師黑板上的示範或課本中的圖例、以尺規練習幾何製圖，或有時到校園或公園中寫生。這種以繪圖實用性為主，不特別鼓勵個人風格創作的教學風氣，一直到了1924年，才因為日本推行自由畫運動的山本鼎先生訪台而有了一些變化。他在台灣所舉辦的兒童蠟筆畫展，以及為學校教員舉辦的演講，都讓自由畫的種子埋進了台灣校園，直接或間接地影響往後數十年間的美術教學。

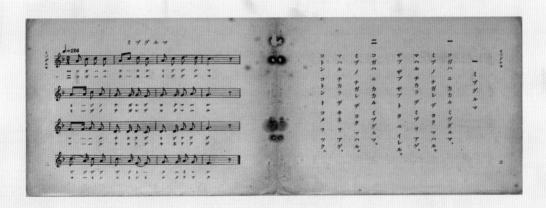

歌唱課本

和圖畫課的目的十分類似，唱歌課也是以培養學生美感為主的科目。1935年在公學校的孩子拿到的唱歌課本，其實就是一本簡單的歌本。左頁是五線譜和歌詞，右邊則是單純歌詞的分段，沒有額外的歌曲賞析，也沒有插圖。這些歌曲在曲調上大多是日本人的創作，或將西方曲調填上日文歌詞。歌詞內容往往和公學校國語課有關，許多詩歌體裁的國語課文，都被配上曲調放進唱歌課本中，可見唱歌課在公學校常被視為教授國語的延伸與輔助。1930年代所編寫的一系列《公學校唱歌》課本，因為受到1918年以來日本國內「童謠運動」的影響，在題材上少了許多過去歌頌日本精神、皇族歷史的歌曲，而提高了描寫自然與生活的歌曲比例。同時，這套唱歌課本中，也增加不少與台灣名勝、風土與歷史人物有關的歌曲，讓學生們唱起歌來更覺得親切。

職業婦女：都會女性成為職場生力軍

隨身攜帶的小皮包是車掌小姐的標誌，裡面收納了輪班時需要的器具。

車掌小姐

在新興的交通產業中，女性也不曾缺席，雖然在台北與新竹等大都會中，1930年代就已經有女公車司機的出現，但這畢竟只是會上報紙新聞的特例，而車掌小姐才是女性在通運界的代表形象。比起只需專心開車的司機先生，兩人一組、穿著西式制服的車掌小姐才是公車上真正的「總管」，賣票、收錢、報站不說，指揮倒車或是照顧老幼乘客的需求，全是她們負責的事項。這些能俐落地在公車行進間迎風搭站門邊的車掌，以十七到二十歲的小姐最多，她們大多從公學校畢業後就開始工作了。如果排到了兩點半開始的下午班，那就得晚上十一點半才能收班回家。到了月底，辛勤工作的年輕車掌，大約能帶25圓的薪水回去貼補家用。

1920-1930年代，台灣的女孩和她們的媽媽和阿嬤相比，上學的機會提高了。同時，工業化的生產方式提供了許多人力密集的工作，使得女性進入工廠就職的情形越來越普遍，台北的煙草工廠跟茶葉工廠的生產線上，幾乎都是女性的天下。而台北這樣的大都市中，隨著新式設施與服務的出現，許多需要專業技術的工作類型，也開始看見女性的身影。雖然女性踏入婚姻後繼續工作的比例並不高，但有些如車掌和接線生一類的工作，從此成了男性無從競爭的女性專利。

百貨小姐

1932年菊元百貨的開幕，為女性就業增加了「百貨店員」這項新選擇。雖然百貨店員12至50圓的月薪範圍僅比工廠女工略佳，但經過篩選的體態容貌配上時髦俏麗的制服，讓百貨小姐成為人們眼中光鮮亮麗的體面工作。對1935年台北的民眾來說，上七層樓高的菊元百貨坐電梯、逛街、讓電影明星般的店員為你服務、介紹商品，別說在台灣，在當時世界上其他國家都還稱得上是走在時代尖端的都市經驗呢！

接線生

在自動轉接的電話系統於1937年來到台北前，人們拿起電話的第一個說話對象可不是你想聯絡的人，而是電話局裡被稱為「交換姬」的接線小姐。客戶得等她們親切地詢問想撥打的號碼，再將線路接上正確的插孔，對方的電話才會響起。

如果妳在1935年，是個十三歲以上的女孩，又接受過基本程度的教育，或許可以考慮應徵這個工作。不過除了得通過簡單的作文、算術測驗外，妳的聲音是否甜美，口條清不清楚也會影響妳能不能入選。在電話局悶熱的機房中，接線生排排坐下，眼前是燈號閃爍的插孔，身後除了散熱的風扇外，還站著督導的主管。隨時要求即時反應的工作壓力頗大，但公學校畢業就能拿到52錢的日薪，表現良好還有獎金可領，仍讓接線生不失為年輕女性就業的好選擇。

護士、助產士

公共衛生的改善與醫事工作的建立是日本在殖民台灣之初便積極發展的項目，也因此護士和助產士在20世紀初期，就已是必須接受訓練講習與證照認可的專業了。

早期在民間協助產婦接生的女性被稱為「產婆」或「先生媽」，她們雖與婦女和新生兒健康息息相關，卻只是被鄰里間認為有助產經驗的婦人，當生產過程不如預期時，迷信與偏方往往是產婦唯一的倚靠。這種情況在日本政府將這項工作立法規範為「助產士」後有了改善。從1907年開始，十六歲以上受過基本教育的台灣女孩都能參加講習訓練，在學習一定程度的西方醫療知識並通過考試後，就能成為合格開業的助產士，執行產檢和接生的工作。護士的情形也十分類似，在1910年代受到法令與訓練的規範後，曾受過公學校教育的台灣女孩，也能進入「看護婦學校」或參加官方或醫院成立的「看護婦講習所」，學習西式的醫事看護技能，投入職場。雖然護士與助產士都是社會上少數擁有醫學知識的女性，但由於當時對護士的工作定位是以服從醫生並協助醫院雜務為主，在民眾眼中，總覺得獨自前往民家出診的助產士，比起護士地位彷彿更高一點兒。

穿著西式制服的是護士小姐，而台籍的助產士大多穿著漢服工作。

到了1935年，全台灣已有二百三十五所公私立醫院，有照的開業助產士也有一千六百餘名。打從台灣有西式醫院開始，護士就是必須輪日夜三班的辛苦行業。助產士雖然沒有固定的工作時間，但得隨傳隨到，不分日夜地到產家接生。其實，日治時期的護士收入並不理想，月薪不到20圓的不在少數，論次收費的助產士一次接生能收1-2圓，如果願意離開都市，到鄉間擔任公設助產士，一個月則有20-25圓左右的薪水，比起自行開業更有保障一些。

古亭町的大學社區：
遠離塵囂的大學住宅組合

　　北台灣進入秋涼的時節了，古亭町「大學住宅組合」的傍晚寧靜而悠閒，各家庭院中的樹影搖曳，被稱為「蓬萊米之父」的磯永吉教授在一天的研究後，趁著這涼爽的時刻在廊沿小憩。這一帶雖然被偏僻的農地圍繞，但整片嶄新日式平房組成優雅而舒適的社區，住戶多是台北帝國大學的教授，包括農學家足立仁、語言學家小川尚義，都是磯永吉老師的鄰居。來台之初，在大學無力提供宿舍的狀況下，他們集體向勸業銀行貸款買地建屋。少了公家統一興建的限制，這裡的住宅每間都有自家的特色，不僅住宅裝飾上東西合璧，注重採光的空間配製也是當時少見的，配合著各戶精心照料的庭院，這個社區顯現出不同於當時其他日本人或台灣人社區的新穎風采。

收音機

大學住宅組合是大學教授聚居的高級住宅區，如果來這兒拜訪，或許有機會看到當時十分稀奇的收音機或是電話。1935年的聽眾轉開收音機，就能收到台北放送局製播的日語和台語節目，夏季的早晨，六點半就能跟著廣播體操運動。每天除了固定的新聞氣象外，愛聽音樂的聽眾，可以選擇和樂、台灣音樂或西洋音樂；想吸收新知的，可收聽各類講座或是家庭百科的節目，主婦和小朋友也可以一起分享食譜教學和兒童節目。當圓山球場甚至是遠在大阪的甲子園球場有重要比賽時，人們都能透過收音機聽到即時戰況。雖然一台最低階的收音機要價17塊半，但這已是一般銀行女事務員半個月的薪水。若要收聽廣播，每個月還需向放送協會繳納1圓的收聽費，可說是有些奢侈的休閒設備。

電話

和收音機相比，電話在一般人家中就更少見了。1930年代的電話，仍須透過接線生轉接，而台北最長的電話也不過四碼，由此可見申辦電話的需求仍不普及。但是從報紙或工商黃頁的廣告中可以看出，這時期的商店、旅館、餐廳、工廠等各類營業場所大多已附上電話號碼。不過，如果你是醫生，或是交遊廣闊的上流人士，在家中安上一支電話不但便於聯繫，某種程度上，也是身分的象徵。

磯永吉博士

出身日本廣島的磯永吉博士，1912年甫從日本東北帝國大學農科大學畢業就來到台灣，接受了總督府農業試驗場的工作，從此在台灣渡過四十五年的研究生涯。稻米育種是磯永吉博士投入一生心血的領域，他利用陽明山竹子湖一帶土壤肥沃且與外界隔絕的地理優勢，將原來盛行全台的「在來米」改良為口感更好、抗病性更高，且產量穩定的「蓬萊米」。這項成就不僅成為他個人博士學位的研究主題，也為台灣的稻米種植開啓了新頁。磯博士在台四十餘年改良米種、推廣農地輪耕的貢獻，奠定了他在台灣農業史上無可取代的地位。

台北帝國大學

位於富田町的台北帝國大學，在1928年成立時是台灣的第一所大學，也是台灣受日本統治期間唯一的一所大學。但在1935這一年，作為大學預科的台北高等學校，只剩六人願意報考台北帝大文政學部，這現象反映出台北帝大的營運其實並不符合當時台灣學生的期待。事實上，由於當時台北帝大在經費、體制、師資各方面都不算健全，畢業生的就業發展也並不理想，所以這個時期的台灣青年學子若是經濟許可，赴日本受高等教育才是心目中的首選。

太平町的醫生館：
大稻埕與艋舺街上的混合式街屋

每天早晨，和其他的商店一樣，大街的醫生館開始了忙碌的一天。只是，醫師前晚可能忙到快清晨了才休息，因為醫生館的二樓往往就是醫師的家，所以患者有時半夜也會來敲門求助，醫師還得搭上人力車趕去患者的家中緊急出診。大稻埕太平町的仁安醫院和艋舺新富町的懷安醫院都是由台灣人醫師經營的私人醫院，有著醒目的建築物及位在街道轉角的三角窗。不只醫院本身是街上的地標，經營醫院的柯謙諒醫師與呂阿昌醫師和其他的台灣人醫師一樣，都是社區中知識水準最高且受人敬重的領頭人。

左側通行

日本明治維新後採用了英式交通規則，日治時期的台灣也比照日本國內的習慣，車輛在道路上靠左行駛。隨著都市內汽車數量的增加，1930年代許多交通繁忙的街區都能看到「左側通行」的號誌，提醒人車注意，1935年，台北街頭也首次出現了紅綠燈。

　　日本政府一直有計劃地限制殖民地人民的教育，他們一方面普及基礎教育，提高勞工素質增加生產力，另一方面則控管台灣人受高等教育的機會。在早期的統治中，台灣具備中等學校程度的教育機構，只有訓練公學校教師的總督府國語學校以及訓練醫事人員的總督府醫學校。即使頒布較寬鬆的教育令且在台灣設置中學、大學後，台灣人接受高等教育的機會仍被侷限在醫學、法律、教育、農業幾個與基本民生需求有關的領域中。因此醫師成為許多台灣知識份子在殖民時代的出路，也成為社會中德高望重的職業。

寄藥包

雖然1930年代的台灣，殖民政府在都市中設立了幾間公營醫院，也有不少醫生在各地開設私人醫院執業，但是醫院看診的費用是十分昂貴的，即使私人醫院的診療費只需公營醫院的一半，對於一般民眾來說還是很大的開銷。因此到醫院看病通常是健康出現嚴重狀況時才做的選擇，平時的小病小痛吃點成藥解決就好。

「寄藥包」就是這種需求下產生的變通方式。「藥包仔」通常是個八開大小的厚紙袋，裡面裝著各式感冒藥、腸胃藥、刀傷外用藥等家庭常備成藥。紙袋的斜角打洞穿上繩子，方便顧客掛在家裡的牆上。藥廠的業務員將這個如同小型藥局的藥包寄放在客戶家中後，會逐月造訪清點藥包內容，將顧客使用的藥品登記在藥包背面印有各項藥名的表格上，根據使用的品項、數量收費，再將缺少的藥品添上。這樣的服務帶給都會地區的或許只是個更經濟的選擇，但對交通不便的鄉村地區來說，每月到訪的「寄藥包仔」可能就是居民們主要的醫療資源了。

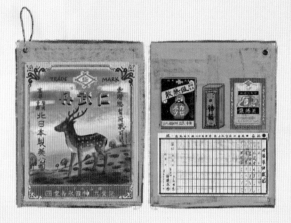

住商混合的街居

長期以來，台灣都市中的街屋大多以住商混合的方式建造，一樓是與屋主職業相關的工作或營業空間，二樓或以上則是屋主一家的生活空間。在鬧街上開業的私人醫院也不例外，一樓是醫師的診療室與藥劑室，診所與患者的腳踏車及人力車就放在亭仔腳。上了二樓就是醫生一家人使用的客廳、廚房、臥室等生活空間，有時甚至連二樓都會安排病房，讓醫師可以就近照顧需要住院的患者。

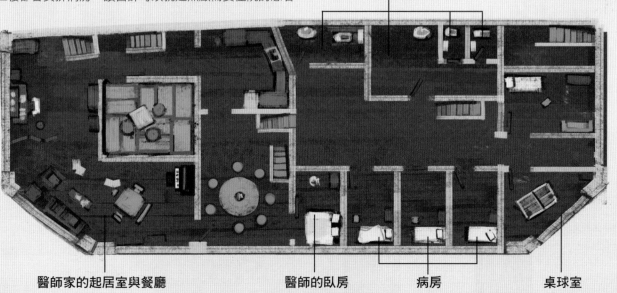

盥洗室

醫師家的起居室與餐廳　　　　醫師的臥房　　　　病房　　　　桌球室

樸
實
到
摩
登
的
飲
食
體
驗
：

小
吃
、
酒
樓
、
西
餐
廳

　　1935年的台灣人都吃些什麼呢？一日三餐中，米飯是主食，早餐吃稀飯，配菜是花生、豆腐、煮青菜，或菜脯、醃瓜仔、鹹薑這類簡單的醃菜；午晚餐至少有一頓要吃乾飯，配菜以季節性的蔬菜為主，蛋類以鴨蛋比雞蛋更為普遍，食用的肉類以豬肉最受歡迎，也吃雞、鴨等家禽。不過，以肉為主的料理大多只在逢年過節上桌，平日的飲食中，葷菜就只是炒在菜裡搭配的肉絲、蝦米、魚乾而已。油煎、油炒是台灣人最喜歡的烹調方式，不論葷素菜餚，就算只有米飯都要和豬油搭配料理才覺得美味。這樣的飲食習慣是口味比較清淡的日本人不太能夠適應的。

　　經過當局的推廣及廣告的力量，味噌、漬物一類的日式食物，以及味素、煉乳、牛奶等新式加工食品，也開始於1930年代進入台灣人的菜單。但當時日本人已開始食用的牛肉始終是重視農耕的台灣人無法突破的禁忌。台灣此時已從1929年全球經濟蕭條中慢慢復甦，台北的市街也重新活躍了起來，市民們除了家中的伙食外，外食的選擇也十分豐富。

　　在家中正餐之外，飢腸轆轆的台北人還有食攤這樣輕鬆及時的飲食選擇。台灣人在農忙時節有為下田工作的人準備點心的習慣，而都市中的勞動者也能在小吃攤上享用各類簡單食物。在小吃攤上可以找到的點心五花八門，有麵茶、綠豆湯、粉圓這類解饞小食，也有米粉、麵線、肉包這類充飢的點心。如果你的工作正忙，無法走到像永樂市場這樣熱鬧的市集坐下享用小吃，或許只需稍待一下，就能聽見挑擔叫賣的小販走來，讓你祭一祭五臟廟。

1934年在大稻埕開幕的波麗路餐廳,為台灣人帶來了「法國鴨子飯」、「匈牙利牛肉飯」,或是「德國豬腳」這樣充滿異國情調的新菜單,也讓過去只在鐵道飯店這種奢華場所中才能體驗的西式餐點,離一般市民的距離更近了一些。新式西餐廳的氣氛優雅,出現在台北街頭後很快就成為文人雅士聚會清談的最愛,當然還有更多顧客是像圖中這位先生一樣,是為充滿期待的相親約會而來的。

有交際宴客的需要時,許多人會選擇上酒樓用餐。貿易鼎盛的大稻埕一帶,江山樓與蓬萊閣都是當時首屈一指的酒樓。除了享用好酒好菜,當時的商場應酬還會邀請藝旦相陪,廣東政客江亢虎憶起1934年的台灣之旅時,就對江山樓中遇見的那位能說北京話、作漢詩的藝旦印象深刻。值得一提的是,酒樓中的廚師也會接受聘請,「出街」到私人家中籌辦酒席。

第一劇場及永樂座：
台北人多采多姿的劇場體驗

受到大稻埕富商陳清波先生的邀請，上海名伶小三麻子從上海帶領鳳儀京班來到台北演出。經營錦記茶行的陳家在台北赫赫有名，由其家族在大稻埕出資興建的第一劇場，配合10月博覽會的人潮隆重開幕，並驕傲地宣稱，新劇場無論是設備或規模都將超越台北所有的劇場。10月5日開幕當天，小三麻子演出拿手的《古城會》，華麗的布景、英武的關公扮相讓現場數千名觀眾為之瘋狂，也登上了隔天《台灣日日新報》的版面。鳳儀京班的風采讓第一劇場一炮而紅，成為熱門的流行娛樂場所。今晚的夜戲，小三麻子再演關公走麥城，經過一個月來的口耳相傳，才七點不到，戲迷們不管是願意掏出2圓坐特等席，還是屈居50錢一座的三等席，都沒機會擠進劇場了。想在小三麻子約滿返滬前一睹風采的戲迷，月底的全本《彭公案》可是不能再錯過的最後時機。

日治時期的戲劇演出，可大致分為「外台」與「內台」兩類，「外台」是指為了特定節慶或宗教活動在戶外搭起舞台演出的方式，而「內台」則是戲班在商業劇場中進行售票演出。隨著都市的發展，商業劇場在1920、1930年代成為台灣民眾重要的休閒場所。為增加票房，中國各地的戲班，包括京劇、福州戲、文明戲、掌中戲等劇種，都曾受邀來台演出。由於台灣士紳階級的喜愛，京劇曾是內台演出的熱門劇種。1935年的台北，除了第一劇場邀請鳳儀京班作為開幕及博覽會期間的表演節目外，同在大稻埕的永樂座，也趁著博覽會的熱潮邀請一樣來自上海的天蟾大京班來台演出。各戲班新奇的機關布景，夾雜特技奇術的表演以及名伶的拿手劇碼都是報章雜誌樂於追逐的新聞。一些班子在台灣名利雙收，甚至留台開班授徒擴大經營，但也不乏窮途潦倒而在台解散甚至流落街頭的例子。但無論如何，這樣密集的交流，也讓台灣本土戲劇的發展吸收了多樣化的戲曲元素。

掌中戲又被稱為布袋戲，從明代就隨著閩南移民來到台灣，一直是節慶酬神所喜愛的劇種。1920至1930年代，台灣本土的布袋戲班結合熱鬧的北管音樂與章回小說的故事，發展出娛樂性強的劍俠、武打劇碼，在商業劇場中很受民眾歡迎。

歌仔戲的誕生

1930年代大受歡迎的歌仔戲是唯一在台灣土生土長發展成形的戲劇型式。歌仔戲起源自早年迎神賽會隊伍中的說唱演出，經年累月融合了南管、亂彈、車鼓戲等傳統表演的唱腔、身段，又向頻繁來台公演的福州或海派京班吸收新奇的舞台技術，例如將火焰效果搬上舞台或利用電力驅動機關製造驚奇，配合即興發揮的演出方式，發展出成熟的內台商業劇種。最有趣的是，歌仔戲除了在語言上貼近台灣民眾，劇本選擇也十分靈活，口耳相傳的民間故事，甚至近日見報的社會事件都能即時編成劇目上台搬演。雖然新鮮活潑的演出方式使歌仔戲常被知識份子與政府當局批評為傷害良善風俗的低俗娛樂，且不時受到警務機關的監視查禁，但仍不影響歌仔戲成為台灣商業劇場中賣座的新寵兒，還時常受邀至海外巡演，在福建、東南亞等地大為風行，擁有無數的戲迷。

藝文活動：從嚴肅到休閒的文化活動

《台灣文藝》與《台灣新文學》

1934年5月，台灣北、中、南各地的作家齊聚台中成立台灣文藝聯盟，希望藉著台灣藝文工作者的串聯，走出真正屬於台灣本鄉本土、反映台灣人生活的藝術文化路線，著名作家賴和、楊逵、張深切等人都在聯盟的行列中。同年11月，台灣文藝聯盟發行《台灣文藝》雜誌，這份刊物分成日文與中文兩部份，刊登小說、詩作、文學評論等多種文類，為台灣文學的發展寫下重要的一頁。1935年底，由於政治與文學立場的分歧，楊逵離開台灣文藝聯盟，另行編印了《台灣新文學》雜誌，雖然兩個團體對台灣文壇的發展方向有不同的理念，但對於1930年代台灣藝文界的興盛都有莫大的影響力。

《媽祖》

三歲就隨著來台就職的父親在台北成長的西川滿，是一位早慧且多產的作家。1934年甫從早稻田大學法文科畢業，就創辦了《媽祖》雜誌。這本綜合型的藝文雜誌是西川滿初試啼聲的刊物，內容上有與台灣民俗、藝術有關的文章，也有在台日人以台灣為題材的文學創作，在裝幀上更可見西川滿對浪漫主義的堅持；除雜誌進口日本和紙、封面採版畫印刷外，每本都以手工裝幀，每期雜誌本身都像一件藝術品。但由於西川滿身為日本上層階級，他對於日本殖民政府的呼應，以及他對浪漫主義的偏好，使得他的文藝理念和許多台灣本島作家所關心的問題背道而馳，作為在台日人作家的代表人物，他也常成為台灣人知識份子批判對象。

古倫美亞唱片公司

留聲機（蓄音器）在1920年代逐漸流行，唱片發行也成了一項新興的藝文產業。1928年日本古倫美亞唱片公司在榮町成立台灣分公司，除錄製日本歌手和台灣傳統戲劇的唱片外，古倫美亞也網羅台灣本土的詞曲作家，發行台語流行歌曲；如為經典歌曲《望春風》譜曲的鄧雨賢先生，和作詞的李臨秋先生，都是這段台語流行樂黃金時期的代表人物。

古倫美亞所發行的台語流行歌曲優美且通俗，不但傳唱全台蔚為一時風尚，也捧紅了純純小姐與愛愛小姐等幾位第一代台灣流行女歌手。當時發售的唱片多為一分鐘七十八轉的蟲膠唱片，一張唱片的一面僅能收錄一首歌曲，約三分半鐘的長度。在台灣博覽會期間，古倫美亞唱片公司也活躍於各項相關活動中，不但參與宣傳時期的扮裝遊行，也在展場中設置公司攤位，還特別為博覽會發行了四首新歌，其中歌名趣味的《我愛你》與《你害我》兩首歌都是著名作詞人李臨秋先生的作品。

活動寫真

電影在1920至1930年代常被稱為「活動寫真」，是商業劇場中越來越流行的新式節目。1920年代，日本人聚居的西門一帶，已有多家以電影為主要賣點的「映畫座」。1935年，除了大稻埕第一劇場以豪華劇場之姿落成外，以先進聲光設備與好萊塢影片為號召的大世界館，也於年底在西門町開幕，象徵著電影漸漸成為娛樂市場的主流。

雖然電影自1930年代初期已邁向有聲時代，但當時在台播映的活動寫真仍有許多默片，不僅播映時常有現場樂隊配合，「辯士」這個在影片播映時為觀眾解說劇情的人物也應運而生，成為劇場的靈魂人物。日本政府曾要求辯士需考取執照、身著正式服裝才能上場。優秀的辯士對劇情瞭若指掌，旁白中能為觀眾增添笑料或懸疑感，更能善用聲音表情為劇中各種人物配音，因此辯士的個人魅力往往是決定觀眾選擇影片的主因之一。比起影片，辯士才是電影播放時，家喻戶曉的明星。1932年，上海當紅女星阮玲玉主演的默片《桃花泣血記》來台上映，片商便聘請大稻埕的著名辯士詹天馬先生依照劇情內容，寫下台語歌詞配成主題曲宣傳，不但讓影片在台轟動，也讓灌製這張唱片的歌手純純小姐知名度大增，成為第一位全台知名的流行女歌手。除了與電影配合外，當戲班、劇團演出的劇目和台灣民眾有語言隔閡時，如果劇場能邀請辯士出馬解說，通常也會讓演出更為賣座。

圓山球場及賽馬場：
台灣野球風潮與體育教育的結合

「全國高等學校野球選手權大會」的台灣預選賽，是圓山運動場在夏天最受矚目的賽事。今年的決賽中，南部的強隊嘉義農林再次出線，繼前日擊敗高雄中學後，今日的比賽又一次擊敗台北商業奪得全島冠軍，將再度代表台灣渡海前往日本甲子園球場爭奪全國冠軍。比賽終了，特意從嘉義前來觀戰的應援團早已欣喜若狂，在觀眾席上揮舞著大旗與檳榔葉加油扇。這次嘉農的隊伍中，攻守俱佳的漢人吳波以及原住民強投東公文等人，都在一系列的賽事後知名度大增，成為許多打棒球的台灣孩子嚮往的典範。雖然中學大賽落幕了，意猶未竟的球迷們也不必等待太久，很快8月舉行的都市對抗賽又將在圓山球場掀起另一波熱潮。

圓山運動場落成於1932年，是台灣為了該年裕仁皇太子視察而大興土木的建設之一，也是台北面積最大、規格最正式的運動場地。在圓山運動場完工前，台北的體育活動多半在新公園舉行，如今又多了這個全新的運動場可以選擇。不論是哪種運動，在看台上與數千名群眾一同吶喊、觀賽，都是刺激而新鮮的經驗。事實上，嘉農野球隊於1931年打進甲子園全國大賽的成功經驗，不管在台灣或日本都受到報章雜誌的熱烈宣傳，無形消解了台灣人過去對棒球比賽的疏離感，不但讓過去侷限於日本人社群中的棒球運動普遍地進入台灣社會，也可觀察到日本當局以體育教育和運動文化建立殖民地對母國認同的企圖。

「運動」這個辭彙對日本人來說，是個西化的概念，對台灣人來說更是日本人帶來的新觀念。在學校教育中，日本人希望以運動強健國民的體魄，也希望通過競技，延續效忠於團體的武士道精神。因此，在台灣的公學校與小學校，除推行最具代表性的棒球運動外，劍道和相撲這類象徵日本精神的運動項目也在各級學校中受到大力推廣。台北全市的小學校與公學校每年也會定期在新公園舉行聯合運動會，在校際間爭取榮譽的同時，再次傳達教育中希望透過「運動」所加強的理念。

競馬

在日治時期稱為「競馬」的賽馬，是1930年代結合體育和彩金博弈的活動。台北周遭除了圓山運動場外，新店溪畔的川端競馬場、練兵場和北投的競馬場都曾舉辦春秋兩季的定期競馬會。競馬活動的盛行除了娛樂效果外，主要也與日本當局將馬產視為經濟和軍事策略的態度息息相關。台灣博覽會這一年，台北不但在春季加開了慶祝博覽會的競馬賽事，大稻埕的台博第三會場中也特別設置了「馬產館」，足見日本政府對馬匹飼育的重視。

走南往北去郊遊：淡水、北投和碧潭的悠閒時光

1933年，日本皇族久彌宮朝融王訪台的第一天，就排定了淡水高爾夫球場的行程。在揮桿同時能遠眺淡水河景的淡水高爾夫球場於1919年開幕，加入球場的俱樂部不但是社會地位的象徵，能負擔昂貴的會員費與球具更是財力的表現。在台灣人當中，僅有金字塔頂端的富人們才能體驗打高爾夫球的樂趣。

隨著火車旅行在1930年代的普及，台灣人也開始在假日出遊了。淡水火車站不遠處的沙崙海水浴場，是日本人最早在台灣設置的海水浴場，也是離台北市區最近的消暑勝地。本來對於海濱戲水十分陌生的台灣人，在日本人對海水浴有益健康鼓吹下，也漸漸投入夏日沙灘的懷抱，穿上泳裝、帶著草帽，進行校外旅行或全家出遊。海水浴場的人們在享受清涼海水的同時，還能利用各大海水浴場所準備的餐飲休閒設施。

北投的草山眾樂園是台北有名的溫泉勝地，會館中替遊客們準備了很多休閒設施，這張華麗的撞球桌就是其中一項。事實上，撞球對台北人來說並不陌生，在1910年代就曾舉辦過幾次全島撞球比賽，民間遊樂場所中撞球設備也十分普遍，而為官員、公務員準備的休憩療養所中，撞球桌更是常見的設備。

1927年，《台灣日日新報》票選台灣八景十二勝，新店溪畔的碧潭以超過六百六十多萬票入選十二勝之一。碧潭寬廣的河面和岸邊的大石壁形成特殊的景觀，是深受台北市民喜愛的踏青景點，假日天氣晴朗時，穿梭兩岸的渡船上常見闔家出遊的歡樂景象，而大家所熟悉的碧潭吊橋還要再等兩年才會現身於碧潭的景致中。

人與神的交會：霞海成隍廟及圓山神社

今天是新曆的6月13日星期四，但卻不是個普通的週間日，大稻埕的街道早已被等待的人群給塞滿了，因為農曆5月13日是城隍爺的生日，也是霞海城隍廟舉辦年度祭典的大日子。當七爺八爺從轉角進入視線後，街上的鞭炮隨著鑼鼓聲一塊兒響起，獅陣跟著鼓吹陣，八仙過海跟著各家商號的廣告陣頭，光是由牛車拉著的藝閣就有二、三十個。有藝旦坐彩閣，也有囝仔扮仙扮神將，在豔陽高照的天氣裡，高高的藝閣上還得支起花花綠綠的傘，甚至得吹著電扇才能繼續浩浩蕩蕩地向前移動。街道兩旁的人家看熱鬧的同時，還得關注著家裡正在張羅的酒席。迎城隍這天，幾乎家家戶戶都在請客，有些人家為了面子，就是借錢殺豬也要擺上幾桌。霞海城隍廟的祭典，每年都吸引十幾萬名香客湧入大稻埕，迎神遶境不僅是一般民眾重要的精神寄託，1920、1930年代開始，也與台灣各都會區的商業宣傳有了緊密的結合。

10月28日祭典紀念日當天全島放假，成千上萬的日本人從台灣各地湧入神社，明治橋頭的鳥居前人車川流不息。總督中川健藏的座車從東三線道出發，駛過東門後就走上了寬闊筆直的敕使街道。大道一路向北往圓山方向筆直延伸，跨越基隆河時，窗外可見明治橋上精雕細琢的青銅燈柱與花崗石欄杆，穿過鳥居，就是劍潭山頂肅穆的台灣神社了。在神官的引領下，中川總督與一列官員步入神宮展開祝祭。這條參拜之路，是第四任總督兒玉源太郎在1901年建成神社後，每位台灣總督都同樣走過的。

　　台灣神社是日本治台期間，台灣唯一的一座由皇室奉獻供品的官幣大社，主要祭祀的是日本古神話中的開拓三神，以及接收台灣期間逝世於台南的北白川宮能久親王。台灣神社不只是在台日本人的信仰中心，也是殖民當局企圖改變台灣人民宗教和文化認同的象徵。許多從台灣各地至台北修學旅行的學生們，都在台灣神社這個必遊景點前留下珍貴的照片。

結語：台灣的今與昔

南三線道看小南門，今愛國西路看小南門

北門與台北郵局，今博愛路從台北郵局方向看北門

榮町街景，今衡陽路重慶南路交界口。

鐵道飯店，今館前路看新光三越大樓

菊元百貨，今衡陽路博愛路口的國泰世華

台灣神社，今圓山飯店

專書

末光欣也，《日本統治時代的台灣》，台北：致良出版社，2012。

池宗憲，《臺灣茶街》，台北：宇河文化，2002。

竹中信子著，蔡龍保、曾淑卿、熊凱弟譯，《日治台灣生活史：日本女人在台灣（昭和篇 1926-1945）》上下，台北：時報出版公司，2009。

何培齊，《日治時期的海運》，台北：國家圖書館，2010。

何培齊文字編撰，國家圖書館閱覽組編，《日治時期的臺北》，台北：國家圖書館，1996。

吳秋美總編輯，《台北記憶》，台北：臺北市新聞處，1997。

吳秋儒，《臺灣古早藥包》，台北：博揚文化事業，2012。

呂紹理，《水螺響起：日治時期台灣社會的生活作息》，台北：遠流出版公司，1998。

呂紹理，《展示台灣：權力、空間與殖民統治的形象表述》，台北：麥田出版，2005。

邱坤良，《舊劇與新劇：日治時期臺灣戲劇之研究，1895-1945》，台北：自立晚報，1992。

姚村雄，《圖解台灣製造：日治時期商品包裝設計》，台北：晨星出版社，2013。

徐亞湘，《日治時期中國戲班在台灣》，台北：南天書局，2000。

徐亞湘，《日治時期臺灣戲曲史論：現代化作用下的劇種與劇場》，台北：南天書局，2006。

徐亞湘選編，校點，《台灣日日新報與台南新報戲曲資料選編》，台北：南天書局，2001。

徐逸鴻，《圖說日治台北城》，台北：貓頭鷹出版社，2013。

高傳棋著，魏德文主編，《穿越時空看台北—建城一百二十週年展覽特刊：古地圖 舊影像 文獻 文物展》，台北：台北市政府文化局，2004。

張蒼松，《典藏艋舺歲月》，台北：時報出版公司，1900。

張璦文、黃明莉編，《剝皮寮歷史街區口述歷史訪談》，台北：臺北市鄉土教育中心，2004。

許佩賢，《太陽旗下的魔法學校：日治台灣新式教育的誕生》，台北：東村出版，2012。

陳正祥，《臺北市誌》，台北：南天書局有限公司，1997。

陳芳明，《台灣新文學史》，台北，聯經出版公司，2011。

陳柔縉，《台灣西方文明初體驗》，台北：麥田出版，2005。

陳柔縉，《台灣摩登老廣告》，台北：皇冠文化，2008。

陳柔縉，梁旅珠，《人人身上都是一個時代》，台北：時報出版公司，2009。

陳逸松口述，林忠勝撰述，吳君瑩紀錄，《陳逸松回憶錄》，台北：前衛出版社，1994。

程佳惠，《臺灣史上第一大博覽會：1935年魅力臺灣SHOW》，台北：遠流出版公司，2004。

葉石濤，《台灣文學入門》，高雄：春暉出版社，1997。

葉肅科，《日落台北城》，台北：自立報系，1993。

葉龍彥，《台灣的老戲院》，台北：遠足文化，2006。

臺北市政府文獻委員會、吳昭明、賴郁雯、賴素惠編，《時代光影・臺北定格：今昔百景專輯》，台北：臺北市政府文獻委員會，2011。

蔣竹山，《島嶼浮世繪：日治台灣的大眾生活》，台北：蔚藍文化，2014。

蔡蕙頻，《好美麗株式會社：趣談日治時代粉領族》，台北：貓頭鷹出版社，2013。

謝仕淵，《「國球」誕生前記：日治時期臺灣棒球史》，台北：國立台灣歷史博物館，2012。

謝仕淵，《日治時期臺灣棒球口述訪談》，台北：國立台灣歷史博物館，2012。

鍾淑敏、詹素娟、張隆志、吳美慧、蔡峙、謝仕淵、謝奇鋒編，《曹永和院士訪問紀錄》，台北：中央研究院，2010。

期刊論文與學位論文

吳政憲，〈日治時期臺灣的電燈發展（1895-1945）〉，台北：國立台灣師範大學歷史研究所碩士論文，1997。

呂紹理，〈日治時期廣播工業及收音機市場的形成：1928-1945〉，《國立政治大學歷史學報》，第19期（2002），頁297-333。

沈方茹，〈台北市公共巴士之發展（1912-1945）〉，桃園：國立中央大學歷史研究所碩士論文，2003。

周慧茹，〈日治時期台灣公學校理科教育之研究〉，台北：國立台灣師範大學台灣史研究所碩士論文，2012。

林太崴，〈奔跑中的流行歌詞—七十八轉大餅與李臨秋〉，發表於「第四屆俗文學與通識教育學術研討會—李臨秋的歌謠所反映的時代意義」，2010。

張逸婷，〈政治與音樂—日治時期台灣總督府附屬樂隊「台北音樂會」〉，台北：國立台灣師範大學台灣史研究所碩士論文，2011。

陳柔縉，〈鐵道飯店和她的一百個客人〉，《聯合文學》，第25卷第8期（2009），頁96-101。

曾令毅，〈殖民地臺灣在日本帝國航空圈的位置與意義：以民航發展為例〉，《臺灣文獻》，第63卷第3期（2012），頁41-90。

曾威誌，〈從城牆到林蔭大道—由臺北三線道路的興建看臺北市的現代化〉，台北：國立台北藝術大學建築與文化資產研究所碩士論文，2012。

黃采瀅，〈日治時期1895-1945城市公園圖像研究〉，台北：國立台灣師範大學美術系碩士論文，2009。

葉淑貞，〈日治時代臺灣經濟的發展〉，《臺灣銀行季刊》，第60卷第4期（2009），頁224-273。

蔡秀美，〈從常備消防手到特設消防署：日治時期臺灣常備消防之引進與發展〉，《臺灣師大歷史學報》，第41期（2009），頁69-108。

賴美鈴，〈日治時期臺灣音樂教科書研究〉，《藝術教育研究》，第3卷（2002），頁35-56。

線上資料

Tony的自然人文旅記，〈[前人遊記]·江亢虎—1935年出版的《台遊追記》〉http://www.tonyhuang39.com/tony1023/tony1023.html，2014年2月檢索。

莊永明書坊，http://jaungyoungming-club.blogspot.tw/，2014年4月檢索。

台灣史研究所台灣日記知識庫，〈吳新榮日記〉http://taco.ith.sinica.edu.tw/tdk/%E5%90%B3%E6%96%B0%E6%A6%AE%E6%97%A5%E8%A8%98，2014年5月檢索。

台灣史研究所台灣日記知識庫，〈三好德三郎回憶錄〉http://taco.ith.sinica.edu.tw/tdk/%E4%B8%89%E5%A5%BD%E5%BE%B7%E4%B8%89%E9%83%8E%E5%9B%9E%E6%86%B6%E9%8C%84，2014年5月檢索。

公共電視台，〈異人的足跡〉http://bfs.pts.org.tw/~web03/foots/index_.htm，2014年5月檢索。

實物圖片提供

中央研究院臺灣史研究所檔案館（http://tais.ith.sinica.edu.tw/sinicafrsFront/index.jsp）：頁32之「臺灣總督府出版公學校教科書—修身（兒童用／卷3第1種）」、「臺灣總督府出版公學校教科書—理科書（卷3）」；頁33之「臺灣總督府出版公學校教科書—初等圖畫（第5學年）」、「臺灣總督府出版公學校教科書—唱歌（第2學年）」。

國立台灣圖書館：頁17之「南無警察大菩薩海報」。

http://taipics.com/：頁13之「鐵道飯店價目表」；頁52之日治時期明信片—「小南門」、「北門與台北郵局」、「榮町街景」；頁53之日治時期明信片—「鐵道飯店」、「台灣神社」。

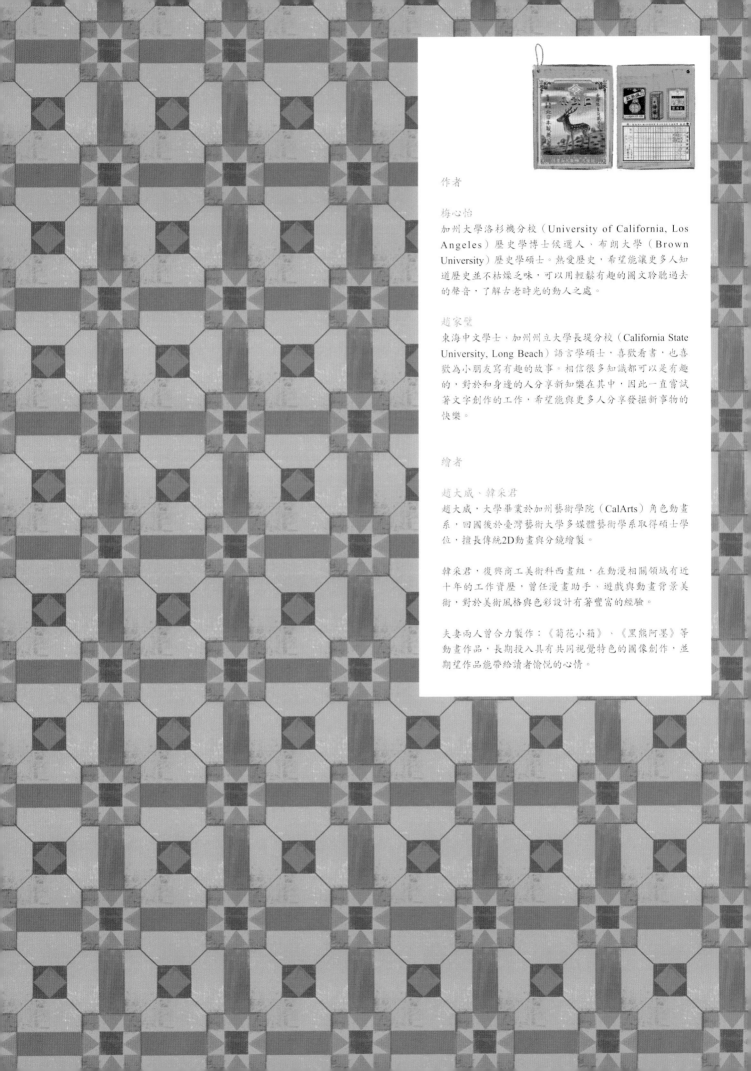

作者

梅心怡
加州大學洛杉磯分校（University of California, Los
Angeles）歷史學博士候選人、布朗大學（Brown
University）歷史學碩士。熱愛歷史，希望能讓更多人知
道歷史並不枯燥乏味，可以用輕鬆有趣的圖文聆聽過去
的聲音，了解古老時光的動人之處。

趙家璧
東海中文學士、加州州立大學長堤分校（California State
University, Long Beach）語言學碩士，喜歡看書，也喜
歡為小朋友寫有趣的故事。相信很多知識都可以是有趣
的，對於和身邊的人分享新知樂在其中，因此一直嘗試
著文字創作的工作，希望能與更多人分享發掘新事物的
快樂。

繪者

趙大威、韓采君
趙大威，大學畢業於加州藝術學院（CalArts）角色動畫
系，回國後於臺灣藝術大學多媒體藝術學系取得碩士學
位，擅長傳統2D動畫與分鏡繪製。

韓采君，復興商工美術科西畫組。在動漫相關領域有近
十年的工作資歷，曾任漫畫助手、遊戲與動畫背景美
術，對於美術風格與色彩設計有著豐富的經驗。

夫妻兩人曾合力製作：《菊花小箱》、《黑熊阿墨》等
動畫作品，長期投入具有共同視覺特色的圖像創作，並
期望作品能帶給讀者愉悅的心情。

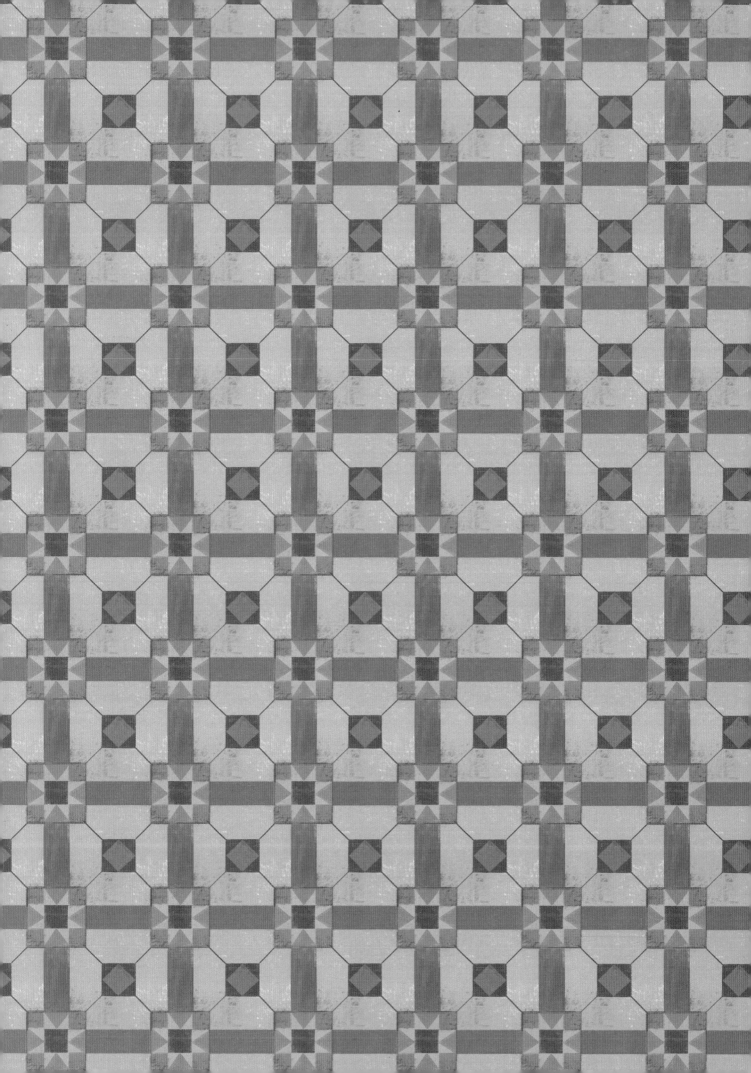